AF263948

LOIS DE SURETÉ GÉNÉRALE

(1820-1858)

Bordeaux. — Typ. Vᵉ Justin Dupuy et Cᵒ, rue Gouvion, 20.

LOIS

DE

SURETÉ GÉNÉRALE

(1820-1858)

PAR

Charles de BATZ-TRENQUELLÉON

Rédacteur de LA GUIENNE.

PARIS

E. DENTU, LIBRAIRE-ÉDITEUR

Palais-Royal, 13 et 17, Galerie d'Orléans.

1864

LOIS DE SURETÉ GÉNÉRALE

(1820-1858)

I.

Les variations de l'esprit public en France auront quelque jour leur historien, et, même s'il n'envisage que les périodes comprises entre 1789 et 1864, il rendra un grand service à la cause du droit et de la vérité, en ressuscitant pour ses contemporains la conscience des générations éteintes. Connaître tous les actes d'une époque, c'est beaucoup ; connaître l'opinion d'un peuple à cette époque, c'est plus encore. Une telle science doit éclairer plus sûrement que toutes les autres ; il s'en dégage une lumière peu favorable aux préjugés, aux passions et à l'injustice. Pour notre part, nous appelons cette lumière sur notre passé, nous la cherchons de notre mieux, et c'est pourquoi nous saisissons toutes les occasions qui s'offrent à nous de rappeler les principaux actes de la Restauration, convaincu que l'entière connaissance de ces actes et des circonstances qui s'y ratta-

chent est à la fois de nature à honorer la monarchie des
Bourbons et à former l'opinion publique sur les actes des
régimes qui ont suivi. Etudions soigneusement le passé, si
nous voulons juger le présent avec droiture et préparer un
bon avenir.

Aussi, à la veille de la discussion qui devait s'engager, au
Corps législatif, sur la loi de sûreté générale en vigueur,
nous a-t-il paru intéressant de remonter aux débats parlementaires de 1820 sur la loi qui fut votée après l'assassinat du duc de Berry. Ce travail, précédé de l'examen com-
paratif des deux lois, et suivi de quelques réflexions sur les
deux époques, a été publié dans la *Guienne*. Mais, faut-il
l'avouer? outre les imperfections inhérentes à toute œuvre
d'improvisation, un grand défaut dépare celle-ci : la pensée
y manque souvent de clarté. C'est un peu notre faute, sans
doute, mais c'est surtout la faute du gouvernement, qui,
par la législation de 1852, condamne les journaux indépen-
dants au supplice du sous-entendu et à de regrettables mu-
tilations. La brochure ayant un sort moins précaire que le
journal, nous avons pris l'innocente liberté de revoir nos
articles, d'en combler quelques timides lacunes et d'en
accentuer les conclusions. Ces modifications ne vont pas
jusqu'à l'audace, tant s'en faut : les audacieux aujour-
d'hui ne sont point dans les rangs de l'opposition ; mais
enfin, la brochure dit avec plus de netteté ce qu'on a lu
dans le journal. Revenons au fait.

Le gouvernement de 1820 et celui de 1858 ont obtenu le
même vote, mais non au prix des mêmes efforts. En 1820,
la loi fut votée au milieu d'une double tempête soulevée
dans la Chambre et dans le pays ; en ce qui concerne la loi

de 1858, tout s'est passé fort tranquillement, et hier encore, dans la discussion de l'Adresse, l'opposition s'exprimait avec une modération, pour ne pas dire une insouciance, que nous ne blâmons pas, mais qui nous étonne. Quant à la presse, sa modération sur le même sujet ne nous étonne pas : la « sage liberté » dont jouissent les journaux est une raison péremptoire. En somme, l'opinion publique n'a fait et ne fait aucun bruit autour de cette grosse question.

Eh bien ! il faut dire et prouver à ceux qui ne connaissent pas l'histoire de la Restauration, que les manifestations de l'esprit public contre la loi de sûreté générale furent incomparablement plus hostiles en 1820 qu'elles ne l'ont été en 1858 et dans la session actuelle. En 1858, *deux* séances ont suffi pour assurer le vote, et en 1864, *deux* orateurs ont demandé l'abrogation de la loi ; en 1820, la discussion prit *neuf* séances, et quelles séances ! En 1820, la loi fut votée par 134 voix contre 115 ; en 1858, par 227 voix contre 24, et au Sénat, il n'y eut qu'*un seul opposant*.

Ces différences feront croire peut-être qu'il en existe d'aussi considérables entre la loi de 1820 et celle de 1858, et que la première est plus rigoureuse que la seconde. Grande erreur ! Si cela était vrai, pourtant, de quel droit les partisans du régime actuel s'en prévaudraient-ils ? La loi de 1820 fut provoquée par un *crime accompli*, et celle de 1858 est venue à la suite d'une *tentative*. En présence de la tombe où descendit brusquement l'héritier du trône, la Restauration n'aurait-elle pas pu songer à prendre des mesures plus sévères ? Mais il n'en fut pas ainsi, et l'examen des deux lois prouve clairement que la « sûreté générale » en 1820 parut exiger moins de précautions qu'en 1858.

On se demande, alors, pourquoi l'opposition, en 1820, déploya tant d'énergie contre une loi qui, plus terrible en 1858, est entrée sans coup férir dans notre législation. Une pareille variation de l'esprit public sur un point si essentiel est digne d'attention et d'étude. On pourrait l'expliquer aisément par ces deux faits : sous la Restauration, la liberté était sur le champ de bataille; aujourd'hui, elle est aux ambulances. Mais le public ne se contente pas, et il a raison, d'une explication aussi brève; il veut des détails, il veut toucher du doigt les hommes et les choses. Nous tenons à honneur de satisfaire une partie de cette honnête curiosité, en comparant la législation de 1820 avec celle de 1858 et en racontant les débats orageux de 1820, qui font ressortir d'une manière si frappante le quasi-silence de 1858 et les humbles récriminations de 1864.

II.

Le 13 février 1820, S. A. R. Monseigneur le duc de Berry tombait sous le poignard de Louvel. Il fut prouvé, il est aujourd'hui manifeste que le manche de l'instrument homicide était une idée révolutionnaire ou « libérale, » comme on disait à cette époque. Royer-Collard n'hésita point à le déclarer, et la France ne pensait pas autrement. D'innombrables adresses témoignèrent dans ce sens, et le président Séguier, organe de la Cour de Paris, s'exprima en ces termes devant Louis XVIII : « Sire, il existe *une conspiration permanente* contre les Bourbons, et, dans la consternation générale , *on a vu des joies féroces*. Le sang si pur qui a coulé n'aurait-il fait qu'irriter la soif ? Oh ! Sire, veillez avec nous, nous vous en conjurons, *au nom de la société effrayée du présent , épouvantée de l'avenir !...* »

Il faudrait ignorer complétement l'histoire des partis et des complots sous la Restauration pour prétendre que le langage de la Cour de Paris n'était pas la saisissante expression de la vérité. Elle ne fut pas la seule à parler ainsi: on retrouve les mêmes sentiments dans les adresses de tous les corps constitués, de toutes les municipalités et de toutes les corporations. Aux yeux de la France entière, Louvel immolant le duc de Berry, c'était la Révolution cherchant dans le régicide le triomphe de ses idées, le brusque dénouement de sa « conspiration permanente contre les Bourbons. »

Le 14 janvier 1858, l'Empereur et l'Impératrice échappaient, comme par miracle, à l'horrible attentat de la rue Le Peletier. Le cri de douleur qui s'éleva de toutes parts, en France, contre les assassins et contre la haine politique qui avait armé leurs bras, ne fut pas moins spontané que la manifestation nationale de 1820, et, qu'il nous soit permis de le dire, les journaux monarchiques se signalèrent entre tous par leur énergique et loyale réprobation. La France, vrai soldat de Dieu, déteste et détestera toujours l'assassinat. Aussi, l'Empereur voyant, le lendemain de ce jour, le cœur de la France ouvert sous ses yeux comme un livre, y put lire l'indignation de tous pour d'exécrables passions. A cette satisfaction vint se joindre une consolation qui avait manqué au duc de Berry : les assassins n'étaient pas Français ! Bien plus, nous ne croyons pas, qu'après le 14 janvier, ont ait reconnu, « au milieu de la consternation générale, » l'existence d'une « joie » ni d'aucun sentiment « féroce, » ni d'« une conspiration permanente. » Voilà, ce nous semble, une assez remarquable variation de l'esprit public.

Néanmoins, en 1858 comme en 1820, la situation décelée par cette tentative parut assez alarmante pour recourir à des mesures exceptionnelles. La Restauration, sur le cercueil du duc de Berry, avait porté une loi de sûreté générale ; le second Empire fit voter une loi de sûreté générale quelques jours après l'attentat d'Orsini. En supposant, ce qui n'est pas incontestable, que le besoin d'une telle loi fût aussi impérieux en 1858 qu'en 1820, il convient d'examiner en quoi elle consiste à ces deux époques.

La loi du 28 mars 1820 règle temporairement la liberté individuelle et la sûreté générale. En voici l'article 1er :

« Tout individu *prévenu* de complots ou machinations contre la personne du Roi, la sûreté de l'Etat et les personnes de la famille royale, pourra, sans qu'il y ait nécessité de le traduire devant les tribunaux, être *arrêté et détenu* en vertu d'un *ordre délibéré dans le conseil des ministres* et *signé de trois ministres au moins*, et dont il lui sera laissé copie. »

On lit dans l'article 2 : « Tout prévenu arrêté en exécution du précédent article sera directement conduit dans la maison d'arrêt du tribunal de l'arrondissement de sa résidence ou de l'arrondissement dans lequel il aura donné lieu à ladite prévention. » En outre, conformément au même article, le geôlier devait remettre, dans les *vingt-quatre heures*, une copie de l'ordre d'arrestation au procureur du Roi, qui, à son tour, devait entendre *immédiatement* le dé-

tenu, l'interroger, dresser procès-verbal de ses dires et ré-
ponses, recevoir sa défense, et envoyer le tout, par l'inter-
médiaire du procureur général, au ministre de la justice,
pour qu'il en fût fait rapport au Conseil du Roi.

« ART. 3. — Le rapport, la décision du Conseil, soit pour
le renvoi du prévenu devant ses juges compétents, soit pour
sa mise en liberté, devront avoir lieu *dans les trois mois au
plus tard* qui suivront l'envoi des pièces (indiquées) au
ministre de la justice par le procureur général.

» ART. 4. — *Si la présente loi n'est pas renouvelée dans
la prochaine session des Chambres, elle cessera de plein droit
d'avoir son effet.* »

Telle est la loi de sûreté générale du 28 mars 1820 ; telles sont les seules mesures de sûreté générales demandées
aux Chambres par la Restauration, à une époque de « conspiration permanente contre les Bourbons, » et au lendemain de l'assassinat du duc de Berry.

On nous permettra de faire ressortir les conditions im-
posées, dans l'intérêt de la liberté individuelle, à l'exécution de ces mesures.

Exiger que l'ordre d'arrestation fût délibéré *en Conseil
des ministres* et signé de *trois ministres au moins,* c'était
les rendre responsables devant l'opinion publique, et par
conséquent leur commander la plus sévère circonspection.

L'article 2 ordonnait de ne pas éloigner le prévenu
du lieu de sa résidence ou de celui qui avait été le théâtre du délit, afin que l'instruction fût plus éclairée et
moins arbitraire. De plus, l'arrestation devait être, *dans
les vingt-quatre heures,* dénoncée au parquet, qui, de son
côté, devait commencer immédiatement l'instruction. La

loi ne se contentait pas d'exiger que l'ordre d'arrestation fût raisonnablement motivé ; elle veillait à ce que la détention ne fût point prolongée par des lenteurs sans raison. Toutes ces précautions se complétaient par la diligence imposée au procureur du Roi et au procureur général, et l'on a vu que le *droit de défense* était formellement reconnu.

L'accusation et la défense étant produites, elles faisaient l'objet d'un rapport présenté au Conseil du Roi, et ce Conseil, après en avoir délibéré, prononçait sur la suite à donner à l'accusation, et toujours *dans les trois mois* qui suivaient l'envoi des pièces au garde-des-sceaux.

Quant à la *répression,* c'était l'affaire, non des ministres, mais des *juges compétents*. La juridiction du Conseil des ministres se bornait à prononcer la relaxance ou le renvoi de l'accusé devant les juges compétents. On ne saurait trop insister sur cette séparation importante de deux pouvoirs distincts : celui d'arrêter préventivement, celui de réprimer.

Remarquons enfin que la loi n'était que *temporaire*, et que, faute d'être renouvelée dans la prochaine session, elle devait cesser de plein droit d'avoir son effet.

De bonne foi, nous le demandons, cette loi offrait-elle quelque chose d'excessif ? Il nous semble que ce peu de mots en résument l'esprit : *Si, d'après la loi du 28 mars 1820, le droit d'arrestation était, par dérogation au droit commun, conféré aux ministres, la liberté individuelle trouvait, dans la loi elle-même, de sérieuses garanties contre l'exercice de ce droit.* Que les légistes se lèvent pour nous réfuter !

Il s'agit maintenant d'examiner la loi de sûreté générale

de 1858. Nous serons sobre de commentaires : ici, le texte parle avec une terrible éloquence.

L'article 1er introduit une innovation dans le droit pénal antérieur, en punissant les provocations publiques aux crimes prévus par les articles 86 et 87 du code pénal.

Toute manœuvre ou intelligence, soit à l'intérieur, soit à l'extérieur, dans le but de troubler la paix publique ou d'exciter à la haine ou au mépris du gouvernement, est punie par l'article 2. Autre innovation.

L'article 3 punit la distribution, la fabrication ou la détention illégale de certains objets dangereux. L'article 4 est le corollaire du précédent.

L'article 5 dispose que tout individu condamné pour un des délits prévus par la loi peut être, par mesure de sûreté générale, *interné* dans un des départements de l'Empire ou de l'Algérie, ou *expulsé* du territoire français.

D'après l'article 6, les mêmes mesures peuvent être appliquées aux individus qui seront condamnés pour divers crimes et délits, tels que attentats et complots contre l'Empereur et sa famille ; crimes tendant à troubler l'Etat par la guerre civile ; faux commis dans les passeports, feuilles de route et certificats ; résistance, désobéissance et autres manquements envers l'autorité publique, etc., etc.

L'article 7 permet d'appliquer les mêmes mesures à tout individu qui aura été condamné, par mesure de sûreté générale, à l'occasion des événements de juin 1848, juin 1849 ou décembre 1851, et que des faits graves signaleront de nouveau comme dangereux pour la paix publique.

L'article 8 est ainsi conçu : « Les pouvoirs accordés au gouvernement par les articles 5, 6 et 7 de la présente loi cesseront au 31 mars 1865, s'ils n'ont pas été renouvelés avant cette époque. »

L'article 9 est sans importance ; mais l'article 10 est formidable : « Les mesures de sûreté générale autorisées par les articles 5, 6 et 7 seront prises *par le ministre de l'intérieur, sur l'avis du préfet* du département, *du général* qui y commande *et du procureur général*. L'avis de ce dernier sera remplacé par l'*avis du procureur impérial* dans les chefs-lieux où ne siége pas une cour impériale. »

En présence de ces dispositions, on voit pourquoi nous avons promis d'abréger nos commentaires, car ils sont implicitement contenus dans les réflexions dont nous avons fait suivre le texte de la loi de 1820. Cependant, quelques mots nous semblent utiles.

La simple lecture des articles 1 et 2 prouve que la loi de 1858 a créé des crimes et des délits nouveaux ; mais ce n'est pas là ce qui constitue ses principales innovations. Voici les modifications capitales qu'elle a introduites dans le droit français.

Jusqu'à la promulgation de cette loi, un principe constant du droit français était que le même crime et le même délit ne pouvaient être *punis de deux peines distinctes*. Or, relisez l'article 5 et l'article 6. Ce n'est pas tout. A l'action répressive des *tribunaux* ordinaires, vient se joindre l'action répressive de l'*administration*. Ainsi, non-seulement un individu peut être puni de deux peines, mais encore il est justiciable de deux juridictions, dont l'une est le pouvoir exécutif.

Maintenant, quelles garanties sont accordées aux prévenus ? Remarquons, d'abord, qu'il ne s'agit plus, comme dans la loi de 1820, d'une détention *préventive* pouvant durer au maximum *trois mois*, mais d'une *peine afflictive illimitée*. Et pourtant, la loi de 1858, au lieu d'exiger l'intervention de *trois ministres*, se fie à l'action d'*un seul*. Ce n'est plus *le Roi en son Conseil* qui prononce : c'est *le ministre de l'intérieur seul*, après avoir pris l'avis d'un préfet, d'un officier général et d'un procureur général ou impérial. Quant au *droit de défense*, que la loi de 1820 réservait explicitement, il n'en est pas question dans la loi de 1858.

Enfin, pour clore ces observations, la loi de 1858, qui stipule évidemment contre une catégorie spéciale de citoyens, et qui met leur liberté aux mains d'un ministre, modifie, outre les principes de notre Code, 29 articles du code pénal, 6 de la loi de 1834, les deux premiers articles de la loi de 1819, etc.

Ceci posé, nous aurions beau jeu à faire ressortir la différence qui existe entre la loi de 1820 et celle de 1858. Mais elle est si énorme, cette différence, que toute comparaison serait superflue. Au surplus, un mot peut caractériser les deux lois : celle de 1820 était *préventive ;* celle de 1858 est *répressive*. Est-il nécessaire d'ajouter que la durée de la première était limitée à *un an*, et qu'il est décidé que nous vivrons jusqu'en 1865 sous le régime de la seconde ?

La loi de 1820 étant, sans contredit, beaucoup moins menaçante pour la liberté individuelle que la loi de 1858, et, d'un autre côté, celle-ci introduisant dans les principes et dans les articles du Code des modifications dont on peut apprécier la gravité, nous demandons si l'accueil fait à la loi de la Restauration n'aurait pas dû, suivant la simple logique, être beaucoup plus bénévole que l'accueil fait à la loi du second Empire.

Or, nous l'avons dit, c'est le contraire qui a eu lieu : la loi de 1858 a été votée après *deux* séances très pacifiques, et la loi de 1820 fut discutée pendant *neuf* séances où toutes les audaces de l'opposition se donnèrent libre carrière. Une loi bénigne soulève un orage ; le silence, ou peu s'en faut, répond seul à une loi sévère. Telles sont les variations de l'esprit public. Elles ressortiront davantage lorsque nous aurons donné la physionomie des débats parlementaires de 1820.

III.

Nous avons examiné les dispositions de la loi de 1820 et de la loi de 1858, et il ressort clairement de cet examen que la première, considérée comme loi d'exception, ne restreint que bien faiblement la liberté individuelle, tandis que la loi de 1858 met cette liberté à la discrétion d'une signature ministérielle. Ceci posé, il s'agit de voir comment l'opposition, en 1820, accueillit des mesures de sûreté générale si modérées comparativement à la loi en vigueur aujourd'hui. Nous allons donc tracer rapidement l'historique des débats parlementaires de 1820. Il est probable que ce travail remettra en mémoire, outre les audaces et les injustices de l'opposition, quelques traits oubliés des grandes figures politiques de cette époque et plus d'une scène de la *comédie de quinze ans.* On ne saurait croire combien la lecture du *Moniteur* peut offrir d'intérêt, même à quarante-quatre ans de distance.

La discussion s'ouvre par un discours de **M. Lagraverend**. Cet orateur repousse le projet de loi, — nous prions le lecteur d'en avoir le texte présent à l'esprit, — pour plusieurs motifs : le projet est *inconstitutionnel*, grand mot dont l'opposition abusait sous la Restauration, comme on abuse aujourd'hui, dans une autre sphère, du mot *constitutionnel;* le projet porte *une atteinte formelle à la liberté individuelle;* il est *inutile;* enfin, il est *dangereux*, parce qu'il consacre et favorise l'*arbitraire*.

A M. Legraverend succède M. de Cardonnet. Après avoir reconnu que lorsqu'il s'agit d'arrêter et de *prévenir* des complots contre la sûreté de l'Etat, il faut que le gouvernement dispose de moyens rapides dans les poursuites, et que les mesures de *précaution* demandées sont « moins sévères que celles adoptées par des nations voisines dans des circonstances moins critiques, » M. de Cardonnet conclut à *réglementer l'arbitraire proposé*.

Cette double argumentation n'est qu'une escarmouche ; les gros bataillons vont entrer en ligne. Le général Foy monte à la tribune. Pour soutenir la thèse de M. Legraverend, son éloquence n'a pas besoin de recourir sur-le-champ aux formes acerbes. Il repousse, d'abord, le projet parce que les circonstances ne lui semblent pas *assez graves* pour légitimer cette dérogation au droit commun. Ennemi de la monarchie des Bourbons, le général Foy nie formellement la « conspiration permanente contre les Bourbons; » et l'on se demande alors comment il peut s'écrier : « Ignorez-vous, Messieurs, que les souvenirs de 1815 vivent encore dans *toutes les âmes, et que les haines sont mille fois plus actives aujourd'hui* qu'elles ne l'étaient à cette époque !... » Mais c'est dans la péroraison qu'apparaît le sentiment ou plutôt le *jeu* de l'orateur : « Il appartient à la sagesse des Chambres de défendre contre *la rage des partis* un trône que le malheur a rendu plus auguste et plus cher à la fidélité. Craignons, Messieurs, en faisant une loi *odieuse* sans être utile, de *remplacer la douleur publique par d'autres douleurs qui feraient oublier la première*. Le prince que nous pleurons pardonnait en mourant à son infâme assassin. Oh ! comme son âme généreuse se fût indignée s'il eût pu prévoir *les angoisses de l'innocent !* Faisons, Messieurs, que le profit d'une mort sublime ne soit pas perdu pour la Maison royale et pour la morale publique. Que la postérité ne puisse pas nous reprocher qu'aux funérailles d'un Bourbon *la liberté des citoyens* fut *immolée* pour servir d'hécatombe. La *raison d'Etat* le défend ; *l'honneur français* s'en irrite ; la *justice* en frémit. Je vote le rejet du projet de loi. » .

Nous engageons le lecteur à placer en regard de ces violentes paroles les dispositions de la loi de 1820 et celles de la loi de 1858. Et c'est là notre seul commentaire.

Il y a de curieuses remarques à faire sur le discours du général Foy. On y trouve, par exemple, l'éloge de la *liberté restreinte* de la presse, théorie que l'orateur répudia plus tard, lorsqu'il comprit que la licence de la presse créerait des dangers mortels à la monarchie. Dans le même discours, il définit avec une éloquence de bon aloi les conditions auxquelles avait pu se maintenir le despotisme impérial ; ce passage nous a frappé pour plus d'une raison. En le méditant, on arrive à concevoir aisément quelles voies suit le despotisme pour asservir une nation ; par quelles diversions il peut lui faire oublier la liberté ; par quelle savante mise en scène et quels coups de théâtre il fait naître, entretient et exploite l'illusion et l'émotion dont il a besoin pour assurer son règne. Qui donc a osé dire : « les cendres du passé ? » Le passé est un phare. Malheureusement, on lui tourne presque toujours le dos.

M. Courvoisier, procureur général, réfute les assertions, — d'ailleurs très illogiques, — du général Foy, relativement aux dangers de la situation. « Un attentat, dit-il, dont nous frémissons ; la nécessité d'en prévenir le retour ; le besoin d'arrêter le progrès des opinions perverses qui menacent d'une subversion entière la religion et la morale, la monarchie et la liberté ; la *fermentation* qui, *depuis un an*, s'est *prodigieusement accrue* : tels sont les motifs du projet de loi. »

Outre les paroles que nous avons citées, des mots d'une extrême violence avaient surgi au cours des débats. L'opposition avait été jusqu'à prétendre que la loi proposée, c'était « la nation mise en état d'accusation ! » Il devenait nécessaire que le gouvernement s'expliquât. Nous ne voulons pas lui faire la part belle : à quoi bon ? Il est si facile aujourd'hui, les yeux fixés sur le texte de la loi de 1858, de réfuter ou de réduire à leur juste valeur les arguments de l'opposition de 1820 ! Et si les législateurs de cette époque avaient besoin d'indulgence, l'expérience du régime actuel nous la commanderait.

Le ministre de l'intérieur monte à la tribune. Il excuse en quelque sorte les emportements de l'opposition. Je sais, dit-il, que l'amour de la liberté est jaloux et inquiet. Puis il montre tout le ridicule de cette assertion: *la nation mise en état d'accusation.* « Eh quoi ! lorsqu'on prend des

précautions pour que de graves attentats ne se renouvellent pas, on inquiète la masse des citoyens ! Je croyais, au contraire, qu'ils étaient rassurés par cette vigilance ; et si l'on répond que personne ne sait si on ne lui appliquera pas une mesure qui a quelque chose d'arbitraire, je répliquerai que cette crainte, qui ne peut guère tomber dans l'esprit des citoyens sans reproche, a d'ailleurs *des préservatifs dans les précautions prises pour empêcher les abus.* » Le ministre continue en citant l'exemple de l'Angleterre, où la suspension de l'*Habeas corpus* est *un des moyens nécessaires* du gouvernement. Or, c'est en Angleterre que la liberté individuelle est le plus respectée. Mais abrégeons ce résumé. Le discours du ministre est applaudi avec enthousiasme, et l'on en demande l'impression par acclamation ; mais, tel était le respect de la Restauration pour la légalité, qu'un député de l'opposition, Manuel, s'étant élevé contre cette faveur, accordée chaque jour, le président Ravez fit exécuter la loi de la Chambre et interdit la publication du discours. Que de fois, cependant, n'avait-on pas dérogé à cette loi en faveur de l'opposition !

Il semble que celle-ci, après le discours du ministre de l'intérieur, eût dû, non renoncer à la lutte, mais faire entrer la discussion dans les voies équitables. Il n'en fut rien ; au contraire, l'opposition, terrassée un moment sous la simple et forte parole du ministre, se redresse bientôt, plus menaçante, plus acharnée, plus violente.

M. Martin de Gray se demande si la nation est tombée *si bas* qu'il faille la livrer, et la sûreté des personnes, et la liberté de la pensée, à la discrétion du ministère ; *livrer ce malheureux peuple français, corps et âme, à l'arbitraire le plus illimité de la police.* Il va plus loin : « N'est-ce pas *flétrir par de noires calomnies* les sentiments du peuple, etc. ? » Il va plus loin encore : « On poursuivrait la pensée, par une police inquisitoriale, jusque dans *les foyers sacrés de la famille,* jusque dans *les épanchements de l'amitié,* jusque dans *le fond des cœurs ;* on menacerait jusque dans leur silence les hommes soupçonnés d'idées perverses, de *les faire pourrir dans les cachots !...* Les funérailles du prince seraient-elles les funérailles de *toutes nos libertés ?...* »

Est-ce de la logique ou de la rage ? Et à peine effleurons-nous ce discours atroce. On y trouve bien d'autres monstruosités. Quoi qu'il en soit, ayons toujours présents à l'esprit les textes de la loi de 1820 et de la loi de 1858.

M. Basterrèche remplace M. Martin de Gray à la tribune, et reproduit à peu près les mêmes lieux communs, les mêmes violences, les mêmes absurdités. Sa péroraison est curieuse : « Illustre et malheureuse famille (les Bourbons), repousse avec indignation ces *conseillers funestes* (les ministres !) *qui osent fonder l'extension de ton autorité sur l'aliénation des sentiments de la France ;* toujours disposés à *semer des divisions entre la nation et ses rois,* c'est dans ce *calcul régicide* qu'ils placent la durée de leur puissance et la nécessité de leurs services ! » Figurons-nous un membre de l'opposition actuelle lançant de pareilles accusations contre les ministres qui viennent, une fois encore, de vanter les bienfaits de la loi de 1858 ! ·

Il serait curieux de comparer les déclamations de MM. Martin de Gray et Basterrèche avec la réponse logique, modérée, courtoise et vraiment parlementaire de M. de la

Bourdonnaye. Mais c'est surtout l'attitude et le langage de l'opposition que nous voulons remettre en lumière, convaincu que l'histoire de l'opposition est la plus saisissante des leçons fournies par le passé. C'est pourquoi nous avons hâte d'arriver au discours de Benjamin Constant.

Que des hommes médiocres, tels que MM. Martin de Gray et Basterrèche, emportés par la passion et n'ayant pas le frein du talent, aient fait preuve à la fois d'injustice et d'ignorance, et outragé gratuitement le ministère et la monarchie, cela n'est point capable de nous étonner ou de nous émouvoir. Mais Benjamin Constant, un orateur, un publiciste, un homme d'Etat !... Ecoutons-le.

Pour lui, la France est dans son état normal : partout l'ordre et la prospérité ; le crime de Louvel n'a aucune signification ; pourquoi, au lendemain de ce crime, *mettre toute la France en suspicion ?* La loi proposée n'est que la préface d'*un système* tendant à *déchirer la Charte* et à rétablir la *monarchie absolue.* Il s'écrie : « Messieurs, si je votais cette loi, je ne jouirais plus d'un instant de repos. Je verrais toujours autour de moi *l'image des malheureux,* peut-être innocents, que mon vote aurait *livrés à des tourments destructifs de leurs fortunes, de leurs facultés morales ou de leur vie...* » Il continue en déclarant que la loi proposée « est la ruine non-seulement de la *liberté,* mais de la *justice,* de la *morale,* de l'*industrie* et de la *prospérité* en France, » et il termine son discours en prophétisant l'approche de la *contre-révolution* et faisant des vœux pour descendre au plus tôt dans la tombe afin de *n'être pas témoin de toutes ses horreurs !* La Chambre écouta sans rire cette ridicule élégie, qui montre, une fois de plus, jusqu'où peut descendre le talent quand il divorce avec la probité.

A Benjamin Constant succède M. de Bonald, dont le discours, simple, nourri d'arguments et plein de judicieuses remarques, contraste avec les harangues des adversaires du projet, comme la force tranquille avec la colère, la conviction avec le parti-pris.

Après M. de Bonald, M. de Villèle monte à la tribune. Il résume, amplifie et renforce la réfutation déjà connue des accusations portées contre le ministère. Son discours, vif, lucide, énergique, passe en revue toutes ces diatribes, les tourne et les retourne, en fait voir le peu de fondement, la scandaleuse injustice, et les rejette en débris comme des armes de parade ou de théâtre qui ne résisteraient pas au choc d'un glaive bien trempé. Ce discours serait beau quand on n'y trouverait que les paroles suivantes, qui troublèrent plus d'une conscience : « Elèves d'une école funeste, les orateurs de l'opposition ne connaissent de libertés publiques que celles *prises contre le pouvoir royal ;* » et cet aphorisme si digne de nos méditations : « Vous le savez, Messieurs, *le despotisme se prend et ne se demande pas !* »

IV.

La Fayette se lève pour combattre M. de Villèle. Sa harangue est assez terne, quoique visant à l'amertume. Nous n'en ferons pas l'analyse. Disons seulement que, d'après le « héros des Deux-Mondes, » la contre-révolution spécule sur la mort du duc de Berry. « Les ministres du roi, dit-il, ont renouvelé ce scandaleux exemple, et l'on pourrait ajouter qu'*un sentiment général d'indignation* en a fait justice. » Touchante urbanité ! Mais La Fayette, qui n'a jamais été un grand homme que de par l'émeute, ne brillait pas à la tribune. Et puis, il vieillissait, et c'est une chose remarquable, que les fauteurs de révolutions ne gagnent rien à vieillir.

Le baron Pasquier, ministre des affaires étrangères, succède à La Fayette. On l'avait accusé de ne voir dans la déclaration des *droits de l'homme* que des doctrines perverses. Il repousse l'accusation. Pour lui, la déclaration des *droits de l'homme* fut « une faute, » parce qu'on oublia de déclarer en même temps les *devoirs de l'homme*. Nous regrettons de ne pouvoir donner toute la physionomie de son discours. Le gouvernement demande l'arbitraire, mais l'arbitraire momentané, limité, amoindri par de nombreuses précautions judiciaires. Du reste, on ne sollicite l'arbitraire que des peuples libres : l'histoire ancienne et l'histoire moderne sont là pour le prouver. Aux violentes attaques des adversaires du projet de loi, le baron Pasquier répond par ces fermes et nobles paroles : « Je ne m'étonne point de l'opposition. Je sais tout ce que l'on doit accorder d'indulgence au langage des oppositions dans un gouvernement représentatif. Leurs exagérations habituelles sont assez connues. A les entendre, tous les maux doivent fondre nécessairement sur le pays qui a le malheur d'être sous l'influence de tel ou tel ministère. Les mesures que ces ministères proposent sont toujours les plus désastreuses qu'on puisse concevoir ; c'en est fait du commerce, de l'industrie ; toujours les prospérités sont menacées, et la liberté, au moment de rendre le dernier soupir. » Et plus loin : « La contre-révolution, Messieurs ! Ah ! que je plains celui qui s'est cru obligé de prononcer ce mot terrible, contemporain de nos désastres, ce mot qui retentissait chaque jour dans une tribune que je ne veux pas nommer, alors que les têtes de nos meilleurs, de nos plus grands, de nos plus illustres citoyens tombaient de toutes parts sur l'échafaud !» La péroraison est surtout à l'adresse de Benjamin Constant: « Que mon honorable collègue rende justice à nos intentions comme nous aux siennes ; qu'il veuille reconnaître que le zèle de la liberté a aussi ses égarements et qu'il peut entraîner au-delà des bornes légitimes même l'esprit le plus juste, le cœur le plus droit, et il me pardonnera de faire retentir à cette tribune ces mots qui sont le fruit de ma conviction la plus intime : ceux-là veulent encore des révolutions qui fomentent d'aussi absurdes craintes ! »

Sans doute, l'opposition va s'amender et continuer loyalement la discussion ; elle va comprendre que ses colères sont déplacées, que ses violences ne sont pas des raisons et que la modération lui doit être plus profitable que les excès parlementaires. Non ! l'opposition, dans la personne de M. de Corcelles, s'élance à la tribune ; et, plus audacieuse encore, elle s'écrie : « Toute mesure discrétionnaire est suivie d'*une proscription ; elle est imminente aujourd'hui.* Lorsqu'on considère l'état actuel de l'Europe et *l'état de sujétion dans lequel la médiocrité nous rabaisse de plus en plus,* M. Pasquier, qui siége au milieu de nous comme collègue et comme ministre des relations étrangères, pourrait peut-être nous révéler *le secret* d'une mesure dont l'initiative *peu française* semble nous être importée par quelque main invisible !... Et cette dictature, quelle main serait donc assez pure pour l'exercer ? *Serait-ce celle de M. Pasquier ?* » A ces mots insultants, des murmures éclatent et on demande le rappel à l'ordre, *qui n'est point prononcé* par le président. M. de Corcelles retire les paroles qui ont provoqué l'indignation de la Chambre, et en profère bientôt d'autres encore plus injurieuses : « Il est évident à mes yeux qu'*on médite le renversement de nos lois,* lorsque je vois les *dispositions militaires qui menacent la capitale,* lorsque je vois nos légions remplacées par des régiments concentrés de la garde !... »

Il importe plus que jamais d'avoir sous les yeux les textes de la loi de 1820 et de la loi de 1858 ; il importe aussi de rapprocher l'organisation militaire de Paris, en 1820, de l'organisation militaire de Paris, en 1858. C'est avec ces simples observations que se prouve notre thèse sur les variations de l'esprit public.

Rendons justice à la Chambre : elle s'éleva unanimement contre le langage de M. de Corcelles, et le général Foy lui-même, quoique ami du préopinant, se crut obligé de blâmer *la forme* de cette calomnieuse attaque ; mais il en excusa le fond sous ce prétexte douteux que *la tribune est faite pour y dire tout ce qu'on pense.* Quoi qu'il en soit de cette théorie, — nous voudrions bien savoir ce qu'on en pense au Corps législatif ! — elle parut acceptable aux députés gouvernementaux, et M. de Corcelles put continuer sans admonestation sa philippique, ce qu'il fit en ces termes : « Si on accueillait le projet de loi, la France, *déshéritée de ses lois et de ses libertés,* livrée *à la merci d'une faction insatiable,* N'AURAIT PLUS DE RESSOURCES QUE DANS SA NOBLE ÉNERGIE ! » O tribune française ! ô 1820 ! ô 1858 !

Ce discours frénétique, dont nous n'avons cité qu'un petit nombre de traits , est suivi d'une argumentation chaleureuse mais fort parlementaire de M. de Castelbajac. L'orateur trouve dans les circonstances la justification de la loi proposée. « Je le déclare , dit-il , je suis du nombre de ceux qui pensent que le meurtre du dernier Fils de France et la volonté hautement manifestée d'éteindre la race de nos rois sont des motifs suffisants pour suspendre momentanément la liberté individuelle. » Le ministère ne rend pas la nation *complice du crime de Louvel* en attribuant au principe révolutionnaire qui fit périr Louis XVI le pouvoir de faire égorger les princes. « Louvel est le seul coupable, a-t-on dit ; les monstres, dans la nature, marchent seuls. Oui, dans l'ordre physique ; mais, hélas ! dans l'ordre moral en est-il donc ainsi ? »

Après M. de Castelbajac , la tribune est occupée par M. Bignon , qui fait entrer dans son discours une variante de l'élégie de Benjamin Constant, une imitation des déclamations que nous avons passées en revue, sur « l'anéantissement de toutes nos libertés, » et des railleries assez inconvenantes contre le baron Pasquier. Sa péroraison provoque un triste sourire : « Non, Messieurs, la contre-révolution ne pourra pas se consolider. La liberté est désormais impérissable en France : on pourra frapper ses défenseurs, *la liberté ne succombera pas !* » Hélas ! que doit penser M. Bignon s'il est encore de ce monde ? Sous les régimes qui ont suivi la Restauration, la liberté a succombé plus d'une fois. Reconnaissons-le, néanmoins : ce qui est impérissable en France, c'est l'amour de la liberté ; seulement, il s'affirmait sans crainte en 1820, et pour s'affirmer, de nos jours, il est obligé de recourir à de pénibles circonlocutions.

M. Lainé monte à la tribune. Nous serions heureux de reproduire tous les accents de cette grande voix, une des plus fermes, des plus honnêtes et des plus éloquentes de la Restauration. Voici l'exorde de ce discours substantiel et plein d'une beauté sévère : « Messieurs, il a toujours été facile, en faisant abstraction des dangers de la société, de jeter de l'odieux sur les opinions qui demandent des restrictions à la liberté individuelle. Mais les esprits graves savent bien que lorsque la société est compromise, *les libertés individuelles disparaisseut bientôt avec la liberté publique.* Aussi ne s'affectent-ils ni des accusations, ni des menaces, et, convaincus que, dans l'impuissance des lois ordinaires, il est sage de donner à l'autorité un pouvoir plus protecteur, ils n'hésiteront pas à voter une loi qui, au fond, n'a d'autre but que de mieux défendre la liberté de tous contre la violence et les attentats de quelques-uns. »

L'opposition ne manquait pas d'orateurs. M. Méchin se lève pour répondre à M. Lainé. Il estime que les séances consacrées à cette discussion doivent être proclamées *mémorables.* Il ne croit pas que les députés veuillent rapporter à leurs provinces, au lieu d'institutions libérales, les *fers de la servitude.* Il engage ses collègues à suivre l'exemple de « ces magistrats d'autrefois qui préféraient l'exil et les prisons à une coupable complaisance, et qui, frappés eux-mêmes de lettres de cachet, *flétrissaient* par des arrêts solennels *les ministres* et les favoris qui faisaient un *si criminel usage du pouvoir...* » Si l'on vote la loi, ce sera une *honteuse et lamentable victoire* du ministère.

M. de Corbières oppose à ces attaques irritantes le calme d'une parole empreinte de bon sens. Après lui, M. Dupont (de l'Eure) vient déclarer que la loi proposée n'est point nécessitée par les circonstances et qu'elle est *un outrage à la nation.*

V.

Tous les orateurs inscrits pour ou contre le projet ayant été entendus, M. Rivière, rapporteur, résume les débats. Le résumé constate deux faits importants : 1° tous les orateurs des deux camps reconnaissent que le projet n'est pas contraire à la Charte ; 2° il est légitime s'il est opportun. Malgré son audace, l'opposition ne conteste pas cette double assertion. Après le résumé, le président met en discussion les divers amendements, et le comte Siméon, ministre de l'intérieur, prend la parole.

L'orateur insiste sur l'opportunité de la loi ; il avance des faits significatifs, qui sont empruntés à la *correspondance des préfets et des procureurs généraux*, et il ajoute : « Certes, s'il était dans nos usages ou dans nos pouvoirs de faire des enquêtes comme on en fait en Angleterre, quels autres témoins auriez-vous entendus !... J'aurais pu produire des placards séditieux affichés sur divers points éloignés de la capitale... »

M. d'Argenson n'en déclare pas moins que la loi est *odieuse.*

M. de Saint-Aulaire répond que si la loi semble un peu contraire à la raison, elle est devenue nécessaire pour la protection de la famille royale.

Au dire du général Demarçay, le projet de loi est *un attentat* dirigé plutôt *contre la royauté* que contre la Charte.

M. de Puymaurin vote la loi et donne des détails assez précis sur l'organisation et les ressources des sociétés secrètes.

M. Daunou voit dans les dispositions de l'article 1er (signature des trois ministres), l'évidente preuve de la pureté des intentions du ministère. Il parle contre la loi, mais en des termes dont la modération et la loyauté frappent d'autant plus qu'on ne les a pas rencontrées, dans le langage de l'opposition, depuis l'ouverture des débats.

Le ministre des affaires étrangères s'empare de la déclaration de M. Daunou : « On a voulu, dit-il, que cet ordre, qui doit être *terrible puisqu'il est arbitraire,* ne puisse pas être délivré d'après un travail inconnu fait dans les bureaux, et sur le rapport d'un délateur obscur. On a voulu que ce travail fût transporté dans le *Conseil du Roi,* et que l'ordre d'arrestation ne pût être mis à exécution que s'il obtenait la *signature de trois ministres.* Je crois donc que la Chambre doit être satisfaite du motif qui a dicté cette disposition, et qu'elle reconnaîtra que dans l'espèce il n'était pas possible d'offrir plus de garanties. » Nous est-il défendu d'admirer cette franchise et cette modération ?

Le général Foy veut qu'on exige la signature de *tous les ministres.*

Benjamin Constant demande qu'on établisse dans cette loi d'exception *des garanties* que n'ont pas les citoyens sous l'empire des lois ordinaires. M. Rivière relève cette divagation.

Après un nouveau discours du ministre des affaires

étrangères, on demande la clôture des débats ; mais la réclamation d'un membre de l'opposition la fait ajourner, et l'on entend successivement MM. Courvoisier, Bourdeau, le comte Siméon, Tronchon et Fradin.

A la suite de cette discussion, l'article 1er est adopté à une forte majorité. Nous en avons donné le texte dans la deuxième partie de notre travail.

VI.

La discussion sur l'article 2 s'ouvre par un discours du général Foy, tendant à prouver que le ministère n'a pas la confiance de la Chambre, mais qui n'est hostile que par les tendances, car on y trouve cette déclaration si juste et qui sera l'éternel honneur des Bourbons : Louis XVIII a deux fois délivré le pays de l'étranger.

Plusieurs orateurs de l'opposition soutiennent un amendement ayant pour but d'autoriser le prévenu à conférer *avec un conseil*, aussitôt après son arrestation. Qui ne voit que cette disposition rendait à peu près inutile la loi proposée ? Manuel soutient cet amendement, qui, à l'entendre, permettrait de *voiler les odieuses conséquences* de la loi.

Un autre orateur, M. Lainé de Lavillévêque, reprenant la question à un point de vue général, proteste de son *dévouement* à la dynastie des Bourbons, et... se fait l'écho des diatribes que nous avons signalées. Au lieu des réformes désirables, c'est « *l'esclavage* des colléges électoraux, *l'asservissement* de la Chambre, la loi des *suspects*, les *lettres de cachet* et la censure dont on fait à la France l'odieux présent ! » C'est, sans doute, pour des *amis* comme M. de Lavillévêque qu'on a dit ce mot spirituel : « Ah ! si les Bourbons n'avaient que des ennemis ! » Cependant, il faut le reconnaître, ce discours est plutôt un délire d'honnête homme qui a mal compris la question, qu'une déclamation inspirée par l'animosité.

M. Saulnier parle aussi contre le projet, mais avec calme et dignité. Un passage de son discours révèle l'intention qu'avait eue la Restauration, dans son inquiète *sollicitude pour la liberté individuelle*, de proposer des modifications aux rigueurs du code impérial, intention paralysée par les circonstances où l'on se trouvait.

La discussion sur l'article 2 était close. Il fut adopté par la Chambre à la même majorité que l'article 1er, et la discussion sur l'article 3 s'ouvrit par un discours de M. Bogne de Faye.

D'après ce député, la loi est *odieuse*, et il faut au moins en mitiger les rigueurs par les dispositions de l'article 3. En somme, l'orateur, comme la plupart des membres de l'opposition, semble croire que la loi est exclusivement dirigée contre les honnêtes gens.

M. Devaux propose un amendement tendant à faire qualifier de détention arbitraire toute détention excédant le terme fixé par la loi, et à permettre de poursuivre devant les tribunaux (et non devant la Chambre des pairs), ceux qui en seront les auteurs ou participants (ministres ou agents subalternes), sans qu'il soit besoin d'aucune autorisation du Conseil d'Etat. Du reste, le Conseil d'Etat est une *institution servile, dont la manière de procéder est*

effrayante. L'orateur voit des *dangers* partout, des *garanties* nulle part.

MM. Daunou et Busson soutiennent cet amendement,
qui est combattu par le ministre des affaires étrangères.

Manuel monte à la tribune, et, envenimant le débat, il
déclare que « le ministère n'a proposé des lois d'exception
que lorsqu'il a été assuré de pouvoir se faire appuyer par
un parti ennemi de la liberté. » La droite, frémissant sous
cet outrage, demande le rappel à l'ordre. « Nous ne sommes
pas les ennemis des libertés publiques, s'écrie M. de Villèle;
mais nous ne les livrons pas aux conspirateurs!» Benjamin
Constant parle contre le rappel à l'ordre; mais Manuel
persiste dans son allégation. L'insulte est trop manifeste :
le rappel à l'ordre est prononcé par M. Ravez, qui, dans
son ardent désir d'être juste, se montrait presque partial
en faveur de l'opposition.

M. Benoist rétablit la discussion, mise en désarroi par
cet incident, et vote pour le projet de loi.

M. Roy, ministre des finances, s'élève contre l'amendement de M. Devaux, qui est rejeté à une forte majorité.

Benjamin Constant se charge de développer un article
additionnel tendant à ce qu'une personne de la famille du
prévenu puisse être admise auprès de lui après *trois jours*
de secret. C'est, évidemment, un moyen inventé par l'opposition pour rendre la loi illusoire. Mais ce discours est
surtout dirigé contre le ministère. Benjamin Constant pré-
tend l'enfermer dans un dilemme. Les ministres ne lui
inspirent aucune confiance, s'ils ne déclarent, au préalable,
qu'ils sont purs de toute connivence avec le despotisme
impérial. S'ils gardent le silence, voici le dilemme : « Ou le

précédent gouvernement était illégal, violent et vexatoire ;
ou il était légal, juste et modéré. S'il était violent, vexatoire,
illégal , comme **MM.** les ministres le déclarent souvent
à cette tribune (et je suis de leur avis), convient-il alors
aux *agents les plus immédiats et les plus actifs de ce gouvernement* réprouvé de venir, au nom d'un autre gouver·
nement, nous demander pour eux une confiance sans
bornes ? »

Telle était la tactique de l'opposition. Lorsque le Roi
prenait ses ministres parmi les anciens serviteurs de l'Empire, l'opposition leur refusait sa confiance ; lorsque le
ministère se composait de royalistes, l'opposition s'empor-
tait en amères récriminations contre ce choix exclusif.
Qu'aurait-il fallu faire pour contenter l'opposition ? Prendre
les ministres dans son sein ? Mon Dieu ! oui, et comme la
royauté ne commit jamais cette faiblesse, on a l'explication
d'une grande partie de la *comédie de quinze ans.*

Le ministre des affaires étrangères , à qui s'adressaient
surtout les attaques de Benjamin Constant, y répondit avec
une remarquable modération.

VII.

Un des plus puissants orateurs de l'opposition, le général
Foy, irrité, sans doute, des péripéties d'une lutte où son
parti est si manifestement battu, succède au ministre , et
décharge toute sa colère sur les anciens émigrés, qu'il
accuse de n'être rentrés en France que grâces à l'étranger.

« Croyez-vous, s'écrie-t-il, que, sans l'étranger, sans la crainte de voir notre pays livré à toutes les horreurs de la dévastation, nous aurions souffert les outrages d'hommes que, pendant trente ans, nous avions vus dans l'humiliation et dans l'ignominie ! » Quelle inqualifiable violence ! Elle en provoque une autre : « Vous êtes un insolent ! » s'écrie M. de Corday. L'interrupteur est justement rappelé à l'ordre. On parla de duel, mais l'incident n'eut pas de suite et donna lieu, le surlendemain, à une rétractation réciproque.

A mesure que s'approche la fin de la discussion, il semble que l'opposition redouble d'emportement. M. de Corcelles prononce un nouveau discours. Puisque la loi est admise en principe, il faut en tempérer les rigueurs. « Volons, s'écrie-t-il, *au secours de l'humanité*, au secours de *la civilisation*, que menace le despotisme ! »

M. Bogne de Faye s'apitoie sur le sort des « *infortunés* qu'on livre à la discrétion des ministres », et, rentrant dans la discussion générale, il conclut en ces termes : « C'est une *loi de terreur*... Vous allez, en l'accordant, intimider *tous les citoyens*, étendre *le voile le plus sombre sur les destinées* de la patrie ! » C'est en 1820, sous la « despotique » Restauration, que cet anathème est lancé du haut de la tribune ! Le second Empire n'a pas eu à se défendre contre de semblables fureurs, et cependant si la loi de 1820 était un prétexte, la loi de 1858 n'en est-il pas un ?

Le ministre de l'intérieur combat de nouveau ces attaques passionnées, et à tant d'amers sarcasmes, à tant d'injustifiables accusations, il se contente de répondre : « Tout ce qu'on accumule de reproches sur les intentions des ministres leur a trop inculqué le désir de rendre compte de leur

conduite. Aujourd'hui, pour obtenir un moyen de conser-
vation, ils se dévouent à passer, aux yeux de plusieurs,
pour ennemis de la liberté. Le jour de leur justification
arrivera, et ils ne le négligeront pas. »

Plusieurs membres de l'opposition prennent la parole,
entr'autres Benjamin Constant et Manuel, et la discussion
est close par un amendement de M. Méchin. Cet amendement porte que la loi cessera d'avoir son effet aussitôt
après la convocation officielle des colléges électoraux. « Il
n'y a pas de gouvernement représentatif, dit M. Méchin, là
où les élections ne sont pas indéfiniment libres, là où *tous
les partis, toutes les opinions, toutes les influences* ne peuvent *exercer leur action sans crainte, sans entraves.* » Que
pensent de cette théorie les électeurs de 1863 ? Benjamin
Constant soutient l'amendement et va jusqu'à prétendre que
le ministère pourrait bien utiliser cette loi pour *faire in-
carcérer les électeurs et les éligibles qui lui déplairaient.*
Cet argument ne s'est pas produit dans la récente discussion sur les candidatures officielles, et pourtant, nous vi-
vous sous le régime de la loi de 1858 !

L'amendement de M. Méchin est rejeté, et M. Rivière,
rapporteur, résume les débats en ces termes :

« Je conçois comme un autre la possibilité que les fonc-
tionnaires chargés de l'exécution de la loi commettent des
erreurs. Mais vous devez reconnaître aussi qu'il est de
votre devoir de rendre justice à l'autorité et de proclamer
la pureté de ses intentions. Si des précautions sont prises
pour se garantir contre elle, elle a droit aussi à être respectée de qui l'a instituée pour garantir tous les intérêts.
Or, comment concilier ce respect et celui que lui doivent

tous les citoyens avec les reproches, les insinuations, les accusations sans cesse renouvelées contre elle? Avec dé telles imputations vous compromettez l'autorité elle-même, vous la frappez au cœur, et je crois que cesser de nous rendre une mutuelle justice, cesser de la rendre aux dépositaires du pouvoir, c'est enlever au gouvernement toute la force dont il a besoin, et au système sous lequel nous vivons, sa plus salutaire influence. Le gouvernement ne peut avoir de force que s'il a la confiance générale ; et comment voulez-vous qu'il la possède en répétant sans cesse contre lui l'accusation d'oppression, de félonie, de despotisme? Je termine ces réflexions, Messieurs ; elles me sont arrachées par notre situation. Je le répète, en cessant de nous rendre les uns aux autres une mutuelle justice, nous plongeons un poignard dans le sein de la patrie ! »

A ces sages paroles, un mouvement très vif d'adhésion se produit dans les centres et à droite ; mais la gauche reste silencieuse devant ce patriotique appel à la concorde.

On connaît le résultat du vote. La loi fut votée par 134 voix contre 115.

L'orageuse discussion dont nous venons d'esquisser la physionomie avait pris *neuf* séances.

VIII.

Les péripéties de cette lutte acharnée ont amené sous notre plume quelques réflexions. Qu'on nous permette de les compléter en les résumant.

Ce qui saisit l'esprit, tout d'abord, c'est la violence de l'attaque et la modération de la défense. Il faut remonter aux jours néfastes de l'anarchie pour rencontrer un autre exemple de ces excès parlementaires, de ces redoutables déchaînements de passions politiques. L'opposition ne se contente pas d'argumenter et de blâmer ; elle incrimine les intentions, elle prophétise l'approche du despotisme, elle voue le gouvernement à l'exécration publique. Et à tout cela que répond le gouvernement ? Il s'interdit la passion, il s'interdit même la méfiance, et lui, qu'on insulte à chaque instant, il n'insulte jamais. Bien plus, il proclame le droit de l'opposition ; « il sait que l'amour de la liberté est jaloux et inquiet ; » il cherche des arguments, ce despote, et il en trouve ! Mais il en trouve dans sa loyauté, dans sa justice, dans sa tolérance.

Ses orateurs ne disent pas : « La loi est un bienfait ; » ils disent : « C'est une nécessité. » Ils ne prétendent pas qu'elle ne restreint aucunement la liberté individuelle ; ils affirment, au contraire, qu'elle la suspend en principe et déplorent qu'il faille en venir là. En somme, ils ne crient pas : « Tout est bien, silence ! » Ils déclarent simplement ne pouvoir faire mieux et protestent de leur bonne volonté.

La tradition de ce langage ne s'est point perpétuée jusqu'à nous. Aujourd'hui, sous le régime de la loi de 1858 et du décret de 1852, en l'absence de la liberté individuelle et de la liberté de la presse, lorsque les orateurs du gouvernement montent à la *tribune* (nous parlons au figuré), c'est pour jurer que dans le gouvernement tout est juste, tout est grand, tout est beau, tout est parfait, et que toute critique de ses actes est une entreprise factieuse. Il est fort à désirer que ces orateurs étudient l'histoire de la véritable tribune française.

Une autre réflexion que provoque l'analyse des débats parlementaires de 1820, c'est que les députés gouvernementaux et ceux de l'opposition sont unanimes à réprouver le « despotisme impérial. » Cette réprobation était logique chez les royalistes ; mais chez les « libéraux » elle constituait une étrange anomalie. On n'ignore pas, en effet, que le bonapartisme, sous la Restauration, était un des principaux éléments de l'opposition ; en sorte que l'opposition donnait le singulier spectacle de députés reniant le drapeau qu'ils avaient mission de défendre !

Et ces « libéraux » qui gourmandaient si hautement la Restauration, n'aurions-nous pas le droit d'examiner ici l'œuvre à laquelle la plupart d'entr'eux mirent la main quand la Restauration ne fut plus au pouvoir ? Donnèrent-ils alors tout ce qu'ils lui avaient demandé ? Après avoir fait du libéralisme d'agitation et de comédie, ont-ils enfin fondé la liberté ? Mais ne perdons pas de vue notre sujet.

On voit comment la Restauration méritait l'accusation de « despotisme » dont la poursuivaient des hommes qui se souvenaient encore de la Convention et qui avaient adoré César. Ah ! il y a autre chose que la liberté dans ces débats retentissants : on y distingue l'ivresse de la liberté. La France, toute la France, y respire à pleins poumons ; elle s'y développe énergiquement, avec ses aspirations monarchiques ou révolutionnaires, subversives ou conservatrices, égoïstes ou généreuses. A mesure que le sang, presque tari par les guerres de l'Empire, lui revient au cœur, et que ses

plaies se cicatrisent, le sentiment d'une vie large et féconde lui revient aussi ; elle renaît à l'espérance de toutes les prospérités ; le bonheur de vivre légalement, librement, lui monte à la tête comme un vin pur mais dangereux. Oui, c'est l'ivresse ! Mais il y a des cœurs froids et pervers qui s'en préservent pour l'exploiter ; des haines atroces et des trahisons qui en épient les effets pour se ruer, au moment propice, sur la royauté. Pauvre Restauration ! tu voulus être le sage et libéral précepteur de la patrie, et tu donnas de hautes leçons, tu accomplis de grandes choses, des choses qu'on peut voiler ou défigurer mais qui ne mourront point. Par malheur, tandis que tu en inspirais à la France le noble goût, tandis que le « soldat de Dieu, » sous ta main protectrice, revêtait pièce à pièce sa puissante armure, les sycophantes de la liberté y ajoutaient un poignard. Amoureuse de la liberté, c'est elle qui t'a rejetée dans l'exil.

Eh bien ! l'histoire nous dit cela et nous le répéterons à la postérité, et cela n'est pas une médiocre louange.

IX.

Nous avons décrit la tempête de 1820. Voici le calme plat de 1858 et de 1864. Pour l'apprécier à fond, il importe que le lecteur se remette bien en mémoire les dispositions de la loi de 1858.

La discussion générale s'ouvre, le 18 février, par un discours de M. Emile Ollivier, qui repousse le projet au nom du droit. Pour le présenter à la Chambre, on use d'un faux prétexte, car le crime du 14 janvier n'est pas *français* comme celui de Louvel. Le projet viole les principes fondamentaux de toute législation pénale, confond les pouvoirs judiciaire et exécutif, supprime les formes ordinaires de la justice, et ne définit pas les délits qu'on veut atteindre. Les lois actuelles ne font pas défaut contre les conspirateurs, et enfin, les auteurs du projet servent mal les intérêts du gouvernement. Comme on le voit, nous ne citons aucune des paroles de M. Ollivier. La raison en est simple : le *Moniteur* de 1858 ne publiait qu'un compte-rendu analytique et très sommaire des séances du Corps législatif. C'était là peut-être un excès de précaution.

M. Granier (de Cassagnac) entreprend de réfuter l'argumentation de M. Emile Ollivier. Dans ce but, il exhume les sinistres souvenirs de la Révolution, et assure que les temps révolutionnaires seuls ont été des époques de violence, tandis que les gouvernements monarchiques, *même le premier Empire*, ont été des régimes *très modérés*.

M. le marquis d'Andelarre prend la parole contre le projet, qui, d'après lui, viole à la fois le principe de non-rétroactivité de la loi et cet autre principe, que nul ne peut être distrait de ses juges naturels.

A M. d'Andelarre succède M. Riché. L'honorable député ne voit dans le projet qu'une restriction : celle de la liberté du poignard. La loi proposée est la réponse des hommes d'ordre aux partisans avoués ou secrets de bouleversements.

M. Plichon est d'un autre avis. L'administration est suffisamment armée contre les sociétés secrètes ; en tout cas, le remède aux maux présents ou futurs n'est pas dans les lois d'exception.

M. Baroche, président du Conseil d'Etat, proclame les dangers de la situation. Il ne croit pas que les opinions subversives aient désarmé ; le pays ne peut rester exposé aux entreprises de quelques factieux, et le but de la loi proposée, c'est de les mettre dans l'impuissance de nuire. Du reste, le gouvernement ne veut ni d'une loi de suspects, ni d'une loi d'inquisition. « Ce qu'il demande, c'est *une arme* pour se défendre *au grand jour*, » dit le sommaire du *Moniteur*. Rappelons-nous les dispositions de la loi de 1820 et de la loi de 1858. En 1820, le ministère demandait *une arme*, et l'opposition lui en fit un crime. Mais si la loi de 1820 est *une arme*, on peut affirmer sans scrupule que la loi de 1858 est *un arsenal.*

Cet arsenal, le gouvernement de l'Empire déclare vouloir s'en servir *au grand jour ;* mais si une telle déclaration est admissible en présence de l'article 10, qui met la liberté individuelle à la discrétion du ministre de l'intérieur, sans aucune garantie judiciaire, de quel éclat brille le respect de la Restauration pour l'équité, garantie par *trois ministres au moins*, et pour le droit commun, si expressément réservé dans l'article 3 de la loi de 1820, qui prescrit le renvoi du prévenu devant ses juges compétents !

Quoi qu'il en soit, le discours de M. Baroche termine la discussion générale, et, le lendemain, 19, les divers articles de la loi sont mis en délibération.

M. Legrand (du Nord) prend la parole sur l'article 1er. A supposer que le projet s'applique exclusivement aux malhonnêtes gens, comme on l'a dit, ce n'est pas là, selon

M. Legrand, une raison de supprimer les garanties dues aux accusés. D'ailleurs, toute loi doit être claire et précise, et tel n'est pas le caractère de l'article 1er.

M. Adolphe Debelleyme répond à M. Legrand. Tous les arguments de M. Debelleyme peuvent se résumer en un seul : la loi proposée est une *une loi de circonstance*. D'où il faudrait conclure, évidemment, que toutes les lois et tous les actes qui ont pour point de départ une *circonstance* quelconque sont excellents *a priori*. Mais, dira-t-on, il faut au moins que la circonstance nécessite la loi. Petite logique ! Circonstance ! tout est là, tout peut être là. M. Debelleyme et le Comité de salut public sont d'accord. Et quelle circonstance que celle qui va de 1858 à 1865 !

M. le comte de Pierre succède à M. Debelleyme. A propos de l'article 1er, l'honorable député rentre dans la discussion générale. Il est convaincu que les circonstances ne réclament pas les mesures proposées. A M. Granier (de Cassagnac), qui a énuméré les proscriptions décrétées par le Comité de salut public, il répond qu'on a l'air de dire qu'après un tel exemple, on aura de la marge pour exercer l'arbitraire. Il reconnaît l'existence des sociétés secrètes ; mais la loi ne parviendra pas à les dissoudre, et, pour les atteindre, il y a un code pénal.

M. Langlais, conseiller d'Etat, commissaire du gouvernement, s'efforce de prouver que le projet n'offre rien de contraire aux *principes*. Son argumentation n'est pas moins serrée que celle de M. Debelleyme. *Principes, circonstances*, vous êtes deux grands chevaux de bataille !

L'article 1er est mis aux voix et adopté.

M. le marquis de Talhouët voudrait plus de précision

dans l'article 2, et M. Emile Ollivier demande des explications sur le même sujet. L'argumentation des deux orateurs porte sur les mots « manœuvres ou intelligences. » M. Ollivier comprend que la loi atteigne toute provocation faite dans les lieux publics ou dans la presse ; ce qu'il ne comprendrait pas, c'est qu'on voulût atteindre même la critique échangée entre amis.

M. Baroche se charge de répondre à MM. de Talhouët et Ollivier. Il trouve suffisamment claires les expressions signalées. Le projet de loi n'a en vue de punir ni des *regrets*, ni des *souvenirs*, ni mêmes des *espérances. (Sommaire* du *Moniteur.)* On conçoit l'enthousiasme de la majorité pour un projet si clément !

Adoption des articles 2, 3, 4 et 5.

L'article 6 est adopté après quelques objections de M. Aymé.

Les articles 7, 8 et 9 sont adoptés sans discussion.

M. Gareau parle sur le terrible article 10. C'est parce que l'orateur désire plus que personne le maintien de l'Empire, qu'il lui est impossible de voter une loi qualifiée de douloureuse par ses partisans et signalée comme funeste par ses adversaires. L'article 10 passe comme les autres.

L'ensemble du projet de loi est adopté au scrutin, à la majorité de 227 suffrages contre 24.

Tels furent les débats du Corps législatif sur la loi de sûreté générale du 27 février 1858.

Maintenant, il faut peu de mots pour résumer la récente discussion de l'amendement relatif à cette loi.

Observons, d'abord, qu'il y a dans la loi de 1858 deux parties distinctes : l'une *permanente*, et qui ajoute de nouvelles incriminations aux catégories du code pénal ; l'autre *transitoire*, et qui donne, jusqu'en 1865, à l'administration la faculté d'expulser du territoire français ou d'interner dans un des départements de France ou d'Algérie tout citoyen frappé antérieurement par une mesure de sûreté générale, à la suite des évènements de 1848, 1849 et 1851, ou condamné pour certains délits énumérés dans la loi. On sait que, par suite de l'amnistie de 1859, ces mesures ne peuvent plus atteindre les anciens *déportés*, *transportés* ou *expulsés*. Mais elles sont toujours applicables aux citoyens condamnés, postérieurement à l'amnistie de 1859, pour certains délits spécifiés par la loi de 1858.

Or, voici le texte de l'amendement : « La loi de sûreté générale et les lois qui l'entourent détruisent la liberté individuelle : nous en réclamons l'abrogation. » MM. Ernest Picard et Jules Favre ont soutenu cet amendement. Leurs discours sont dans la mémoire de tous ceux qui se préoccupent de la liberté individuelle, et ils ne manquent ni de fermeté ni de logique. Mais qu'on en rapproche les accents des violentes philippiques de 1820, et l'on verra que, cette fois encore, l'opposition vient à l'appui de notre thèse sur les étranges variations de l'esprit public. On connaît la réponse du ministre présidant le Conseil d'Etat : « Les dispositions *permanentes* de la loi sont *utiles, sages, conformes aux principes du droit.* » Quant aux dispositions *transitoires,* le gouvernement se refuse à l'abrogation immédiate et il *espère* qu'il n'aura pas besoin, en 1865, de demander le renouvellement de ces pouvoirs exceptionnels. Mais il y a loin de cette espérance à une promesse !

En définitive, le gouvernement déclare vouloir maintenir

à jamais la partie permanente de la loi de 1858, et, en ce qui concerne la partie transitoire de cette loi, il entend réserver sa décision. Voilà l'état des choses.

X.

Notre tâche est finie. Par ce qui précède, il est facile de juger des tempéraments politiques de la Restauration et du second Empire, et de préciser le caractère de l'esprit public sous ces deux régimes. Nous serions bien trompé si l'opinion du lecteur différait de la nôtre, s'il ne reconnaissait que sous la Restauration, la liberté était sur le champ de bataille, et qu'aujourd'hui, elle est aux ambulances. Comment reculerait-il devant cette conclusion, lorsqu'il aura fait lui-même le résumé impartial des deux épisodes que nous avons racontés ?

La loi bénigne et nécessaire de 1820 fut attaquée par l'opposition avec une liberté qui atteignit la licence, avec une énergie qui monta jusqu'à la fureur, avec une audace qui ne s'arrêta pas devant la déloyauté. Non-seulement la lumière ne fut pas mise sous le boisseau, mais des torches furent brandies impunément du haut de la tribune ; non-seulement la parole de l'opposition put retentir à l'aise sous les voûtes de la Chambre, mais elle y éclata en menaces, en provocations, en anathèmes. Et tout cela, au vu et su de la France de 1820, d'un pays affolé de liberté, se souvenant encore des passions de 1815 et déjà travaillé par les sociétés secrètes !

S'il faut, maintenant, revenir à la loi de 1858, loi formidable et qui certainement n'était pas plus nécessaire que la loi de 1820, quel contraste ! quelle frappante variation de l'esprit public ! Avez-vous entendu les tonnerres de l'opposition ? Avez-vous vu luire ses torches ? Non, toute proportion gardée, le mot de la situation, en 1858 et en 1864, est presque celui-ci :

Je ne vois que la nuit, n'entends que le silence !

Janvier 1864.